L'ART DE JOÜIR

Et quibus ipsa modis tractetur blanda Voluptas.
Lucr.

A CYTHERE.
MDCCLI.

L'ART DE JOÜIR.

PLaisir, Maitre souverain des Hommes & des Dieux, devant qui tout disparoît, jusqu'à la Raison même, tu sais combien mon cœur t'adore & tous les sacrifices qu'il t'a faits ; j'ignore si je mériterai d'avoir part aux

 éloges

éloges que je te donne ; mais je me croirois indigne de toi, si je n'étois attentif à m'assûrer de ta présence & à me rendre compte à moi même de tous tes bienfaits. La reconnoissance seroit un trop foible tribut : j'y ajoute encore l'examen de mes sentimens les plus doux.

Dieu des belles Ames, charmant Plaisir, ne permets pas que ton pinçeau se prostitue à d'infames voluptés ou plutôt à d'indignes débauches qui font gémir la Nature révoltée : Qu'il ne peigne que les feux du fils de Cypris ; mais qu'il les peigne avec transport! Que ce Dieu vif, impétueux, ne se serve de la Raison des hommes, que pour la leur faire oublier : qu'ils ne raisonnent que pour exagérer leurs plaisirs & s'en pénétrer: que la froide Philosophie se taise pour m'écouter. Je sens les respectables approches de la Volupté.

Disparoissez, Courtisanes impudiques! Il sortit moins de maux de la Boëte de Pandore, que du sein de vos plaisirs. Eh! que dis-je! des Plaisirs! En fut il jamais, sans les sentimens du cœur? Plus vous prodiguez vos faveurs, plus vous offenſez l'Amour qui les déſavoue. Livrez vos corps aux Satires; ceux qui s'en contentent, en ſont dignes; mais vous ne l'êtes pas d'un cœur né ſenſible. Vous vous proſtituez envain; envain vous cherchez à m'éblouïr par des charmes *vulgivagues:* ce n'eſt point la jouïſſance des corps, c'eſt celle des Ames qu'il me faut. Tu l'as connue, Ninon, cette jouïſſance exquiſe, durant le cours de la plus belle vie; tu vivras éternellement dans les Faſtes de l'Amour.

Vous, qui baiſſez les yeux aux paroles chatouilleuſes, Précieuſes & Prudes, loin d'ici!

d'ici! La volupté eſt diſpenſée de vous reſpecter, d'autant plus que vous n'êtes pas vous mêmes, à ce qu'on dit, ſi auſteres dans le déshabillé. Loin d'ici ſur-tout Race dévote, qui n'avez pas une vertu pour couvrir vos vices!

Belles, qui voulez conſulter la Raiſon pour aimer, je ne crains pas que vous prétiez l'oreille à mes diſcours; elle n'en ſera point allarmée: La Raiſon emprunte ici, non le langage, mais le ſentiment des Dieux. Si mon pinçeau ne répond pas à la fineſſe & à la délicateſſe de votre façon de ſentir, favoriſez moi d'un ſeul regard ; & l'Amour qui s'eſt plu à vous former, qui s'admire ſans ceſſe dans le plus beau de ſes ouvrages, fera couler de ma plume la tendreſſe & la volupté, qu'il ſembloit avoir reſervées pour vos cœurs.

Je ne ſuivrai point les traces de ces Beaux-Eſprits, précieuſement néologues & puérilement entortillés : ce vil troupeau d'imitateurs d'un froid modele glaceroit mon imagination chaude & voluptueuſe : un art trop recherché ne me conduiroit qu'à des jeux d'Enfans que la Raiſon proſcrit ou à un ordre inſipide

que

que le génie méconnoit & que la volupté dédaigne. Le bel Esprit du siécle ne m'a point corrompu; le peu que la Nature m'en réservoit, je l'ai pris en sentimens. Que tout ressente ici le desordre des Passions, pourvû que le feu qui m'emporte soit digne, s'il se peut, du Dieu qui m'inspire!

Auguste Divinité, qui protegeas les chants immortels de Lucrece, soutiens ma foible voix. Esprits mobiles & déliés, qui circulez librement dans mes veines, portez dans me écrits cette ravissante volupté que vous faites sans cesse voler dans mon cœur.

O vous, tendres, naïfs ou ſublimes interpretes de la volupté, vous qui avez forcé les Graces & les Amours à une éternelle reconnoiſſance, ah! faites que je la partage! S'il ne m'eſt pas donné de vous ſuivre, laiſſez moi dumoins un trait de flamme qui me guide, comme ces Cometes qui laiſſent après elles un ſillon de lumiere qui montre leur route.

Oui, vous ſeuls pouvez m'inſpirer, Enfans *gâtés* de la Nature & de l'Amour, vous que ce Dieu a pris ſoin de former lui même, pour ſervir à des projets dignes de lui, je veux dire, au bonheur du

genre

genre humain ; échauffez moi de votre génie, ouvrez moi le ſanctuaire de la Nature, éclairé par l'Amour : nouveau, mais plus heureux Prométhée, que j'y puiſe ce feu ſacré de la volupté, qui dans mon cœur, comme dans ſon Temple, ne s'éteigne jamais : & qu'Epicure enfin paroiſſe ici, tel qu'il eſt dans tous les cœurs. O Nature, O Amour, puiſſé-je faire paſſer dans l'éloge de vos charmes tous les transports avec les quels je ſens vos bienfaits !

Venez, Phylis, deſcendons dans ce valon tranquile ; tout dort dans la Nature,

ture, nous ſeuls ſommes éveillés : venez ſous ces arbres, où l'on n'entend que le doux bruit de leurs feuilles ; c'eſt le Zéphir amouréux qui les agite ; voyez comme elles ſemblent planer l'une ſur l'autre & vous font ſigne de les imiter.

Parlez, Phylis, ne ſentez vous pas quelque mouvement délicat, quelque douce langueur qui vous eſt inconnue ? Oui, je vois l'heureuſe impreſſion que vous fait ce miſterieux Azile : le brillant de vos yeux s'adoucit, votre ſang coule avec plus de viteſſe ; il éleve votre beau ſein, il anime votre cœur innocent.

En

En quel état suis je ! Quels nouveaux sentimens, dites vous ! . . . venez, Phylis, je vous les expliquerai.

Votre vertu s'éveille, elle craint la surprise même qu'elle a ; la pudeur semble augmenter vos inquiétudes avec vos attraits : votre gloire rejette l'amour, mais votre cœur ne le rejette pas.

Vous vous révoltez envain ; chacun doit suivre son sort : pour être heureux, il n'a manqué au votre, que l'amour : vous ne vous priverez pas d'un bonheur qui redouble en se partageant ; vous

n'évin'éviterez pas les piéges que vous tendez à l'univers : qui balance a pris fon parti.

O fi vous pouviez feulement fentir l'ombre des plaifirs que goûtent deux cœurs qui fe font donnés l'un à l'autre, vous redemanderiez à Jupiter tous ces ennuyeux momens, tous ces vuides de la vie, que vous avez paffés fans aimer !

Quand une Belle s'eft rendue, qu'elle ne vit plus que pour celui qui vit pour elle ; que fes refus ne font plus qu'un jeu

jeu néceſſaire; que la tendreſſe qui les accompagne autoriſe d'amoureux larcins & n'exige plus qu'une douce violence; que deux beaux yeux, dont le trouble augmente les charmes, demandent en ſecret ce que la bouche refuſe ; que l'amour éprouvé de l'amant eſt couronné de myrthes par la vertu même; que la Raiſon n'a plus d'autre langage que celui du cœur; que . . . les expreſſions me manquent, Phylis, tout ce que je dis n'eſt pas même un foible ſonge de ces plaiſirs : aimable foibleſſe! Douce Extaſe! C'eſt envain que l'Eſprit veut vous exprimer, le cœur même ne peut vous comprendre.

Vous

Vous soupirez, vous sentez les douces approches du plaisir! Amour, que tu es adorable! si ta seule peinture peut donner des desirs, que serois-tu toi même?

Jouissez, Phylis, jouissez de vos charmes: n'être belle que pour soi, c'est l'être pour le tourment des hommes.

Ne craignez ni l'Amour, ni l'Amant; une fois maitresse de mon cœur, vous le serez toujours. La Vertu conserve aisément les conquêtes de la Beauté.

J'aime, comme on aimoit, avant qu'on eut appris à soupirer, avant qu'on eut fait

fait un art de jurer la fidélité. Amour eſt pauvre: je n'ai qu'un cœur à vous offrir; mais il eſt tendre, comme le vôtre. Uniſſons les, & nous connoitrons à la fois le plaiſir & cette tendreſſe plus ſéduiſante qui conduit à la plus pure volupté des cœurs.

Quels ſont ces deux Enfans de différent ſexe qu'on laiſſe vivre ſeuls paiſiblement enſemble ? Qu'ils ſeront heureux un jour! Non, jamais l'Amour n'aura eu de ſi tendres, ni de ſi fideles ſerviteurs. Sans éducation & par conſéquent ſans préjugés, livrés ſans remords à une mutuelle Sympatie, abandonnés à un Inſtinct plus ſage que la Raiſon, ils ne ſuivront que ce tendre penchant de la Nature, qui ne peut être criminel, puisqu'on ne peut y réſiſter.

Voyez ce jeune garçon; déja il n'eſt plus homme, ſans s'en apercevoir. Quel nouveau feu vient de s'allumer dans ſes veines! Quel cahos ſe débrouille! il n'a plus les mêmes goûts, ſes inclinations changent avec ſa voix. Pourquoi ce qui l'amuſoit, l'ennuie-t-il? Tout occupé, tout étonné de ſon nouvel Etre, il ſent, il

de-

defire, fans trop favoir ce qu'il fent, ni ce qu'il defire: Jl entrevoit feulement par l'envie qu'il a d'être heureux, la puiffance de le devenir. Ses defirs confus forment une efpece de voile qui dérobe à fa vüe le bonheur qui l'attend. Confolez-vous, jeune Berger, le flambeau de l'Amour diffipera bientôt les nüages qui retardent vos beaux jours: les plaifirs, après les quels vous foupirez, ne vous feront pas toujours inconnus; La Nature vous en offrira par tout l'image, deux Animaux s'accoupleront en votre préfence, vous verrez des Oifeaux fe careffer fur une branche d'arbre, qui femble obéir à leurs amours. *Tout vous est de l'Amour une leçon vivante.*

Que de réfléxions vont naître de ce nouveau ſpectacle! jusqu'où la curioſité ne portera-t-elle pas ſes regards! L'Amour l'aiguillone; il veut inſtruire l'un par l'autre; il a fait la gorge de la Bergere, différente de celle du Berger: elle ne peut reſpirer, ſans qu'elle s'éleve, c'eſt ſon langage: il ſemble qu'elle veuille forcer les barrieres de la pudeur, comme indignée d'une contrainte qui la fâche. Penſées naïves, deſirs innocens, tendres inquiétudes, tout ſe dit ſans fard; le le cœur s'ouvre, on ne ſe diſſimule aucuns ſentimens; ils ſont trop nouveaux, trop vifs, pour être contenus.

Mais n'y auroit-il point encore d'autre différence? Oh oui! & même beaucoup plus conſidérable: voyez cette Roſe que le trop heureux hymen reçoit quelque fois des mains de l'Amour, Roſe vermeille, dont le Bouton eſt à peine éclos qu'elle veut être cueillie; Roſe charmante, dont chaque feüille ſemble couverte & entourée d'un fin Duvet, pour mieux cacher les Amours qui y ſont nichés & les ſoutenir plus mollement dans leurs ébats.

Surpris de la beauté de cette fleur, avec quelle avidité le Berger la considere! Avec quel plaifir il la touche, la parcourt, l'examine! Le trouble de fon cœur eft marqué dans fes yeux.

La Bergere eft auffi curieufe d'elle même pour la premiere fois; elle avoit déja vu fon joli minois dans un clair Ruiffeau: le même Miroir va lui fervir pour contempler des charmes fecrets qu'elle ignoroit.

Mais elle découvre à fon tour combien peu Daphnis lui reffemble. Qu'elle lui

rend-

rend bien ſa ſurpriſe ! Frappée d'une ſi prodigieuſe différence, toute émue, elle y porte la main en tremblant ; elle le caresse, elle en ignore l'uſage, elle ne comprend pas pourquoi ſon cœur bat ſi vîte, elle ne ſe connoit presque plus : mais enfin lorsque revenue à elle même, un trait de lumiere a paſſé dans ſon cœur, elle le regarde comme un Monſtre, la choſe lui paroit abſolument impoſſible, elle ne conçoit pas encore, la pauvre Agnés ! tout ce que peut l'Amour.

L'Idée du crime n'a point été attachée à toutes ces recherches amoureuſes ; elles font faites par de jeunes cœurs qui ont befoin d'aimer, avec une pureté d'ame que jamais n'empoifonna le repentir. Heureux Enfans! qui ne voudroit l'être comme vous? Bientôt vos jeux ne feront plus les mêmes, mais ils n'en feront pas moins innocens: le plaifir n'habita jamais des cœurs impurs & corrompus. Quel fort plus digne d'envie, vous ignorez ce que vous êtes l'un à l'autre; cette douce habitude de fe voir fans ceffe, la voix du fang ne déconcerte point l'amour; il n'en vole que plus vîte auprès de vous, pour ferrer vos liens & vous rendre plus fortunés. Ah! puiffiez vous

vivre

vivre toujours enſemble & toujours ignorés dans cette paiſible ſolitude, ſans connoitre ceux qui vous ont donné le jour! Le commerce des hommes feroit fatal à votre Bonheur; un Art impoſteur corromproit la ſimple Nature, ſous les loix de la quelle vous vivez heureux: en perdant vôtre innocence, vous perdriez tous vos plaiſirs.

Que vois-je! C'eſt Iſménias qui eſt ſur le point d'enlever l'objet de ſes deſirs. Son Bonheur eſt peint dans ſes yeux, il éclate ſur ſa ſigure; & du fond de ſon cœur, par une ſorte de circulation nouvelle, il paroît repandu ſur tout ſon Etre. Il parle d'Iſmene, écoutons: Qu'il a l'air content & ravi!

Enfin, dit-il, je vais donc poſſéder celle que mon cœur adore! Je vais joüir du fruit de la plus belle victoire. Dieux! que cette Conquête m'a couté! Mais qui ſoumet un cœur tel que celui d'Iſmene, a conquis l'Univers.

Il fait l'éloge de ſes charmes. Toutes les femmes n'ont que des viſages, Iſmene ſeule a de la Phyſionomie. On ſent, on penſe toujours avec ces traits

là;

là; mais par quel heureux mêlange de couleurs, eſt-on embaraſſé de dire s'il y a plus de ſentiment que d'eſprit dans ſes yeux?

Iſmene ignore le parti qu'a pris ſon amant: elle lui avoit défendu de tenter une entrepriſe auſſi délicate. Mais il faut épargner à ce qu'on aime jusqu'à la moindre inquiétude: il n'y a point à balancer; on obéit à l'amour, en déſobéiſſant à l'amante. Le devoir eſt tout en amour, comme en guerre, & le péril n'eſt rien. Plus la démarche eſt téméraire, plus Iſmene ſera ſenſible... Ah! Que

l'Amour

l'Amour donne de courage! Ah! Que cette preuve de tendresse lui sera chere, & qu'elle en saura un jour bon gré à son amant!

Isménias prêt d'arriver chez Ismene, la croit déja partie sur un faux rapport: il ne comprend pas comment il a pu la manquer sur la route; il s'agite, il délibere, quel parti prendre? Hélas! Est-il en état d'en prendre un? il retourne sur ses pas, on le prendroit pour un insensé; égaré, se connoissant à peine, il court nuit & jour, il ne rencontre point Ismene, il tremble qu'elle n'arrive la pré-

miere

miere au rendez-vous. O Dieux! O Amour! Quelles euſſent été ſes inquiétudes de n'y point trouver ſon Amant!

Mieux inſtruit enſuite, au moment qu'il s'en flate le moins, quelle heureuſe révolution! Quelle brillante ſérénité releve un front abattu! Comme il remercie l'Amour d'avoir pris pitié de ſon tourment!

Il baiſe cent fois le Billet d'Iſmene; il l'arroſe de ſes l'armes, il revole ſur ſes prémiers pas. Rien ne fatigue, rien ne coute quand on aime; la diſtance des

des lieux eſt bientôt franchie par les aîles de l'Amour.

Par la joye de l'Amant jugez de celle de l'Amante, lorsqu'elle entendra cette hiſtoire de la bouche même d'Isménias; & devinez, ſi vous pouvez, le quel des deux va goûter le plus pur contentement! ſi les plaiſirs augmentent par les peines, que j'envie votre ſort, Isménias!

Ils ſe revoyent enfin, ils veulent envain parler; mais à la vivacité de leur ſilence & de leurs careſſes, qu'on voit

bien

bien que la parole eſt un foible organe du ſentiment! Ont-ils enfin repris l'uſage de la voix? Grands Dieux! quels entretiens! Se racontent-ils tout ce qui ſe paſſe dans l'Univers? non, ils ont bien plus de choſes à ſe dire, ils s'aiment; ils ſe retrouvent après une longue & trop cruelle abſence. Qui pourroit redire ici leurs diſcours & plutôt encore leur joye que leurs plaiſirs? Il faudroit ſentir comme eux; il faudroit s'être trouvé dans la même ſituation délicieuſe.

Jsmene, je l'ai prévu, n'oubliera jamais ce qu'a fait Jsménias: elle ne quitte point une fortune brillante, ce feroit un petit facrifice à fes yeux: c'eft elle même qu'elle facrifie. Pour qui? Pour un Amant dont l'amour fait toute la richeffe.

Le plaifir appelle Jsmene, il lui tend les bras; il lui montre une chaine de fleurs. Refufera-t-elle un Dieu jeune, aimable, qui ne veut que fa félicité? C'en eft fait; „le confeil en eft pris, quand „l'Amour l'a donné.„ Mais de combien de fentimens divers elle eft agitée & quelles fingulieres conditions elle impofe à fon Amant!

„Vous

„Vous voyez, dit elle, Jsménias, tout „ce que je fais pour vous. Je ne pour- „rai reparoître dans l'Univers, les pré- „jugés y tiennent un rang trop considé- „rable ; & si je vous perds (tombe sur „moi plutôt la foudre!) je n'ai d'autre „ressource que la Mort. Je ne vous par- „le point de l'ingratitude, de l'infidé- „lité, de l'inconstance, du mépris... car „qu'en sais-je! Et combien me repenti- „rai-je peut-etre de cette démarche, quand „il n'en sera plus tems! Mais que dis-je! „non, Isménias, vous ne ressemblerez „point aux autres hommes; non, vous „ne séduirez pas la vertu pour l'aban-

„donner aux plus vifs regrets. Ie vous „fais injure, je ſuis ſure de vous, je vous „ai choiſi; & ſi cela n'étoit pas, à quoi „me ſerviroit de prévoir un malheur que „je n'aurois pas la force de prévenir. „Mais cependant quelque empire que „l'Amour ait ſur mon cœur, j'aurai celle „d'en reſter aux termes où nous en ſom- „mes: jamais, comptez y, vous ne ſe- „rez mon Amant tout à fait. Ismene „l'eût juré par le Stix.

Isménias gémit, il eſt déſolé, il ne conçoit pas la trop rigoureuſe loi d'un cœur ſenſible. „Tendre & cruelle Is- „mene,

„mene, quoi! vous m'aimez! & vous „ne ferez pas tout pour moi! Il m'en coû„tera peut-être plus qu'à vous, interrompt „elle, mais la tendresse est la volupté „des cœurs. Ce que je vous refuse en „plaisirs, vous l'aurez en sentimens. Il „n'y a pas dans toute mon ame un seul „mouvement qui ne m'approche de „vous; un seul soupir qui ne tende vers „les lieux où le Destin vous appelle. „Ne sentez vous donc point, Isménias, „le prix de tant d'amour, le prix d'un „cœur qui n'a jamais aimé, d'un cœur „qui sait aimer, dans ces momens où „les autres femmes ne savent que jouir?

L'Amour eſt éloquent: Iſménias auroit pu déployer toute ſa Réthorique; il auroit pu vanter ſon expérience, ſon adreſſe, perſuader, peut-être convàincre ... Mais il n'étoit pas tems, la retenue étoit néceſſaire; en pareil cas, il s'agit moins de ſéduire, que d'obéir & de diſſiper les craintes. Quand l'heure du Berger n'a pas ſonné, il feroit heureux que certaines pourſuites ne fuſſent qu'inutiles; un *à compte* demandé mal à propos a ſouvent fait perdre toute la dette de l'Amant.

Notre amoureux étoit trop initié dans les Miſteres de Paphos, pour ne pas conte-

contenir l'impétuosité de ses desirs. Il fut même si sage jusqu'au départ, que la Belle, à ce qu'on dit, craignit d'avoir trop exigé.

Mais déja les mesures sont prises, & bien prises; la circonspection d'Ismene ne souffre aucune légereté: tout sera trompé jusqu'aux préjugés.

Pourquoi de si cruels retours? un cœur sans artifice devroit-il connoitre les remords? Quoi ces Boureaux déchirent sans pitié le cœur d'Ismene! Elle craint les suites d'une démarche aussi hardie; elle tremble d'être reconnue: elle se reproche tout, jusqu'aux hommages rendus à une vertu qu'elle ne croit pas avoir. Que cette ſimplicité eſt belle & honnête! Elle s'accuſe d'avoir joüé la ſageſſe, d'avoir trompé les hommes & les Dieux. „Iusqu'ici, dit-elle, on n'a reſpecté en „moi qu'une trompeuſe idole, qu'un mas„que impoſteur: le role que je vais „faire ne ſera pas plus vrai. Indigne „des honneurs que je recevrai.... Ah! „Dieux! une ame bien née peut-elle ſe „manquer ainſi à elle même? O Venus! „pourquoi faut-il que je ſois deſtinée à „être ta proye, comme celle des re„mords?

Amour,

Amour, tant que tu souffriras un reste de raison dans ton empire, tes sujets seront malheureux. Ismene n'est éperdue, que parce qu'elle ne l'est pas assez: son foible cœur ne conçoit pas qu'il s'est donné malgré lui, après n'avoir que trop combattu.

„Non, charmante Ismene, l'honneur & „l'amour ne sont point incompatibles; ils „subsistent ensemble, ils s'éclairent, ils „s'illustrent, quand une fidélité, une con-„stance à toute épreuve, un attachement „inviolable, sentimens de la plus belle „ame, ne l'abandonnent jamais. Loin

„que l'amour conduit, s'il ſe peut, par „par la prudence, ſoit une ſource de mé„pris, ah! belle Iſmene, qu'une femme „qui ſait aimer, eſt un Etre rare & re„ſpectable! On devroit lui dreſſer des „Autels.

Jsménias ayant ainſi raſſuré ſa maitreſſe inquiéte, nos tendres Amans partent enfin; ils voudroient déja être au bout du monde. Plus d'allarmes, la joye ſuccede aux craintes & le doux plaiſir à la joye. Déja Jsmene eſt enflammée par mille diſcours tendres & par mille baiſers de feu. On permet à Jsménias ces anciennes privautés, ces equivalens d'amour qui n'en ſont point, & dont auſſi le fripon ſe contentoit à peine. Les chemins diſparoiſſent; les Poſtes ſe font comme par des chevaux aîlés; quelquefois on ne va que trop vite; on n'arrive que trop promptement: ſi la prudente volupté transporte moins nos cœurs, elle les amuſe davantage. „Ton plaiſir, dit „Jsménias, n'eſt que l'ombre de ceux „que peuvent goûter deux cœurs par„faitement unis.„

Les Amans en reviennent toujours là: ont-ils tort? C'eſt le but de l'amour, il ne bat que d'une aîle, lorsqu'il eſt ſeul;

en compagnie, il n'en a point; tête à tête, il en a mille.

Ismene n'eut pas de peine à détourner la conversation sur le plaisir des hommes & des femmes. Ce sont les hommes, à son avis, qui ont le plus de plaisir; Isménias croit que ce sont le femmes. Les autres sont toujours plus heureux que nous. La dispute duroit encore, lorsqu'après avoir couru dans la nuit plus avant qu'Isménias n'eût voulu, il goûta enfin pour la premiere fois cette volupté libre, commode & en quelque sorte universelle, après laquelle il soupiroit depuis longtems. Il s'en faut de peu

peu que nos amans ne ſoient vraiment unis : ils meurent tour à tour & plus d'une fois, dans les bras l'un de l'autre ; mais plus on ſent le plaiſir, plus on deſire vivement celui qu'on n'a pas.

Iſmene éperdue ſe connoit à peine : juſqu'ici, elle n'avoit voulu que s'amuſer, dirai-je à l'ombre de la volupté ? Jeux d'Enfans aujourd'hui ! Tous les feux de l'Amour n'ont rien de trop pour elle ; que dis-je ! ils ſont trop foibles, ſéparés ; pour les augmenter, elle veut les unir, quoiqu'il en puiſſe arriver. „ Je ne ſe„rai, dit-elle en modérant ſes tranſports, „jamais femme de la façon d'un autre

„amant ;

„amant: mais qu'il faut aimer pour con-„ſentir à l'être de cette fabrique là!„ Iſmenias ravi, tout en la raſſurant, la ménageoit ſi ſingulierement, s'avançoit peu à peu ſi doucement dans la carriere & prépara ſi bien enfin ſa victoire, qu'Iſmene fit un cri. . . . Amour, tu te joües des projets de nos foibles cœurs! Mais ſous quel autre empire feroient-ils plus heureux?

Qu'entends-je! Quels gémiſſemens! l'affliction eſt peinte ſur le viſage du plus tendre amant! Les pleurs coulent de ſes yeux; il touche à la plus cruelle abſence.

C'eſt

C'eſt un jeune Guerrier, que l'honneur & le devoir obligent de dévancer ſon Prince en campagne. Il part demain, plus de délai, il n'a plus qu'une nuit à paſſer avec ce qu'il aime; l'Amour en ſoupire.

Mais quels vont être ces adieux! & comment les peindrai-je? Si la joie eſt commune, la triſteſſe l'eſt auſſi; les larmes de la douleur ſont confondues avec celles du plaiſir, qui en eſt plus tendre. Que d'incertains ſoupirs! Quels regrets! Quels ſanglots! Mais en même tems quelle volupté d'ame & quels tranſports!

Quel

Quel redoublement de vivacité dans les caresses de ces tristes amans! Les délices qu'ils goûtent en ce moment même, qu'ils ne goûteront plus le moment suivant; le trouble où la plus périlleuse absence va les jetter, tout cela s'exprime par le plaisir & s'abîme dans lui même: mais puis qu'il sert à rendre deux passions diverses, il va donc être doublé pour cette nuit. Doublé! ah! que dis-je! il sera multiplié à l'infini; ces heureux amans vont s'enyvrer d'amour, comme s'ils en vouloient prendre pour le reste de leur vie. Leurs premiers transports ne sont que feu, les suivans les surpassent;

ſent; ils s'égarent, ils s'oublient; leurs corps lubriquement étendus l'un ſur l'autre & dans mille poſtures recherchées, s'embraſſent, s'entrelaſſent, s'uniſſent: leurs ames plus étroitement unies s'embraſent alternativement & tout enſemble; la volupté va les chercher jusqu'aux extrémités d'eux mêmes; & non contente des voyes ordinaires, elle s'ouvre des paſſages au travers de tous les pores, comme pour ſe communiquer avec plus d'abondance: ſemblable à ces ſources qui trop reſſerrées par l'étroit tuyau, dans lequel elles ſerpentent, ne ſe contentent pas d'une iſſue auſſi large qu'elles

les mêmes, crevent & ſe font jour en mille endroits; telle eſt l'impétuoſité du plaiſir.

Quels ſont alors les propos de ces amans! s'ils parlent de leurs plaiſirs préſents, s'ils parlent de leurs regrets futurs, c'eſt encore le plaiſir qui exprime ces divers ſentimens: c'eſt l'interprete du cœur. Ce *je ne vous verrai plus* ſe dit avec tendreſſe; il ſe dit encore avec paſſion, il excite un nouveau tranſport; on ſe rembraſſe, on ſe reſſerre, on ſe replonge dans la plus douce yvreſſe, on s'inonde, on ſe noye dans une mer de volup-

voluptés. L'Amante toute en feu fixe au plaiſir ſon amant, avec quelle ardeur & quel courage, Dieu d'Amour, ils partagent votre ouvrage! Rien en eux n'eſt exemt de ce doux exercice; tout s'y rapproche, tout y contribue; la bouche donne cent baiſers les plus laſcifs, l'œil dévore, la main parcourt; rien n'eſt diſtrait de ſon bonheur; tout s'y livre avidement; le corps entier de l'un & de l'autre eſt dans le plus grand travail: une douce mélancolie ajoute au plaiſir je ne ſai quoi de ſingulierement piquant, qui l'augmente & met ces heureux amans dans la ſituation la plus rare & la plus intéreſſante. Amour, c'eſt de ces amans que tu devois dire,

Vîte, vîte, qu'on les deſſine,
Pour mon Cabinet de Paphos.

Ils t'en auroient donné le tems; je les vois mollement s'appeſantir & ſe livrer au repos qu'une douce fatigue leur procure; ils s'endorment; mais la nature en prenant ſes droits ſur le corps, les exerce en même tems ſur l'imagination; elle veille preſque toujours; les ſonges ſont, pour ainſi dire, à ſa ſolde; c'eſt par eux, qu'elle fait ſentir le plaiſir aux amans, dans le ſein même du ſommeil. Ces fideles rapporteurs des idées de la veille,

veille, ces parfaits Comédiens, qui nous jouent ſans ceſſe nos paſſions dans nous mêmes, oublieroient-ils leur rôle, quand le Théatre eſt dreſſé, que la toile eſt levée, & que de belles décorations les invitent à repréſenter? Les Criminels dans les fers font des rêves cruels, le Mondain n'eſt occupé que de Bals & de ſpectacles, le trompeur eſt artificieux, comme le lâche eſt poltron en dormant, l'innocence n'a jamais révé rien de terrible. Voyez le tendre Enfant dans ſon berceau, ſon viſage eſt uni comme une glace, ſes traits ſont rians, ſa petite paupiere eſt tranquille, ſa bouche ſemble attendre le baiſer que ſa nourrice eſt toujours prête à lui donner. Pourquoi le voluptueux ne jouiroit-il pas des mêmes bienfaits ? Il ne s'eſt pas donné au ſommeil ; c'eſt le ſommeil qui l'a ſaiſi dans les bras de la volupté. Morphée après l'avoir enyvré de ſes pavôts, lui fera ſentir la ſituation charmante qu'il n'a quittée qu'à regret. Belles, qui voyez vos amans s'endormir ſur votre beau ſein, ſi vous êtes curieuſes d'eſſayer le tranſport d'un amant aſſoupi, reſtez, s'il vous eſt poſſible, éveillées ; le même cœur, ſoyez en ſures, la même ame vous communiquera les mêmes feux, feux d'au-

tant

tant plus ardens, qu'il ne ſera pas diſtrait de vous, par vous même. Il ſoupirera dans le fort de ſa tendreſſe, il parlera même & vous pourrez lui répondre; mais que ce ſoit très doucement: gardez-vous ſur-tout de le ſeconder, vous l'éveilleriez par les moindres efforts, laiſſez le venir à bout des ſiens; repréſentez vous tous les plaiſirs que goûte ſon ame, l'imagination peint mieux à l'œil fermé, qu'à l'œil ouvert; figurez vous comme vous y êtes divinement gravée! Jouiſſez de toute ſa volupté, dans un calme profond & dans un parfait abandon de vous même; oubliez vous, pour ne vous occuper que du bonheur de votre Amant. Mais qu'il joüiſſe à la fin d'un doux repos; livrez vous y vous même, en vous dérobant adroitement de peur de l'éveiller; ne vous embaraſſez pas du ſoin de revoir la lumiere, votre Amant vous avertira du lever de l'Aurore; mais auparavant il ſe plait à vous contempler dans les bras du ſommeil; ſon œil avide ſe repait des charmes que ſon cœur adore; ils recevront tous enſemble & chacun en particulier l'hommage qui leur eſt dû. Que de Beautés toujours nouvelles! Il ſemble qu'il les voye pour la prémiere

fois

fois. Ses regards curieux ne ſeroient jamais ſatisfaits ; mais il faut bien que le plaiſir de voir faſſe enfin place au plaiſir de ſentir. Avec quelle adreſſe ſes doigts voltigent ſur la ſuperficie d'une peau veloutée ! L'Agneau ne bondit pas ſi légérement ſur l'herbe tendre de la prairie ; l'Hirondelle ne friſe pas mieux la ſurface de l'eau : enſuite il étend toute la main ſur cette ſurface douce & polie, il la fait gliſſer . . . . on diroit une glace qu'il veut éprouver. Son deſir s'augmente par toutes ces épreuves, ſon feu s'irrite par de nouveaux larcins ; il va bientôt vous éveiller, mais peu à peu ; croyez vous qu'il va prodiguer tous ces noms que ſa tendreſſe aime à vous donner? non, il eſt trop voluptueux; ſa bouche lui ſera d'un autre uſage; il donnera cent baiſers tendres à l'objet de ſa paſſion; il ne les donnera pas brûlans, pour ne pas l'éveiller encore, il s'approche, il héſite, il ſe fait violence; il ſe tient légerement ſuſpendu au deſſus d'une infinité de graces qui agiſſent ſur lui avec toute la force de leur aiman; il voudroit jouir d'une amante endormie .... déja il s'y diſpoſe avec toutes les précautions & l'induſtrie imaginables, mais envain, le cœur de Philis eſt averti des approches

de

de ſon bonheur, un doux ſentiment l'annonce de veine en veine; ſes pores ſenſibles à la plus légere titillation s'ouvriroient à l'haleine de Zéphire. Il étoit tems, Bergere, les tranſports de votre amant touchoient à leur comble; il n'étoit plus maitre de lui. Ouvrez donc les yeux & acceptez avec plaiſir les ſignes du réveil. „C'eſt moi, dit-il, „c'eſt ton cher Hylas qui t'aime plus „qu'il n'a fait de ſa vie.„ Il ſe laiſſe enſuite mollement tomber dans vos bras qu'un reſte de ſommeil vous fait étendre & ouvrir à la voix de l'Amour; il les entrelacera dans les ſiens; il s'y confondra de nouveau. C'eſt ainſi qu'à peine rendue à vous même, vous ſentirez la volupté du demi-réveil. L'Homme a été fait pour être heureux dans tous les états de la vie.

C'eſt aſſez, Profès voluptueux, l'Amour ne perd rien à tous les ſermens qu'il fait faire; jurez à votre Maitreſſe que vous lui ſerez fidele, & levez vous. C'eſt ici qu'il fant s'arracher au plaiſir que les regrets accompagnent. N'attendez pas les pleurs ni les plaintes d'une Belle qui touche au moment de vous perdre; arrachez vous, encore une fois,

&n'ex-

& n'excitez point des desirs superflus Les plaisirs forcés sont-ils des plaisirs? Songez que vous reverrez un jour votre amante; ou que l'Amour, dont l'empire ne finit qu'avec l'Univers, sensible à de nouveaux besoins, vous enflammera pour d'autres Bergeres, peut-être encore plus aimables.

Amans, qui êtes sur le point de quitter vos Belles, que vos adieux soient tendres, passionnés, pleins de ces nouveaux charmes que la tristesse y ajoute! je veux que vous surpassiez un peu la Nature, mais ne l'excedez jamais: c'est

à la

à la tendresse à seconder le tempérament & à faire les derniers efforts. Qu'il seroit heureux de trouver une ressource imprévue, au moment même qu'on s'embrasse pour la derniere fois, au moment que les pleurs mutuels des deux amans prenant divers cours semblent être les garans de leur douleur & de leur fidélité, en même tems que la marque & le terme de leurs plaisirs.

O vous qui voulez faire croître les myrthes de Venus avec les pavôts de Morphée, Voluptueux de tous les tems, prenez tous mon Guerrier pour modele;

dele; ne craignez ni les caprices du réveil, ni le défaut de ſentiment. Si le rendez vous eſt bien pris, ſi les cœurs ſont d'intelligence, Flore en aura bientôt aſſez, pour goûter à la fois & les douceurs du ſommeil & celles de l'Amour. Soyez ſeulement habile œconome de vos plaiſirs; ſachez l'art délicat de les filer, de les faire éclore dans le cœur d'une Amante endormie; & vous éprouverez que ſi ceux du ſoir ſont plus vifs, ceux du matin ſont plus doux.

Comme on voit le ſoleil ſortir peu à peu de deſſous les nuages épais qui nous déro-

dérobent ſes rayons dorés, que la belle ame de Flore perce de même imperceptiblement ceux du ſommeil: que ſon réveil exactement gradué, comme aux ſons des plus doux inſtrumens, la faſſe paſſer en quelque ſorte par toutes les nuances qui ſéparent ce qu'il y a de plus doux, de ce qu'il y a deplus vif; mais pour cela il faut que vos careſſes le ſoient; il faut n'arriver au comble des faveurs que par d'imperceptibles dégrés, il faut que mille jouiſſances préliminaires vous conduiſent à la derniere joüiſſance: découvrez, contemplez, parcourez, contentez vos regards, comme l'Amant d'Iſſé; par eux

le

le cœur s'enflamme, les baiſers s'allument... mais n'en donnez point encore; revenez ſur vos pas, qui vous preſſe? Etes vous donc las de jouir? Levez de nouveau çà & là doucement le voile léger qui cache à vos yeux tant d'attraits... Je ne vous retiens plus, eh! le pourrois-je? Heureux Pigmalion, vous avez une Statue vivante que vous brûlez d'animer! Déja le front, les yeux. l'incarnat des joües, ces levres vermeilles où ſe plait l'amour, cette gorge d'Albâtre où ſe perdent les deſirs, ont reçu cent fois tour à tour vos timides baiſers: déja la ſenſible Flore ſemble s'animer ſous la douce ha-

leine

leine du nouveau Zéphire. Je vois sa bouche de Rose faire un doux mouvement vers la votre : ses beaux bras s'étendent avec une mollesse, dont le simple réveil ne peut se faire honneur ; ses mains commencent à s'égarer, comme les votres, par tout où l'instinct d'amour les conduit. Plus réveillée qu'endormie, plus doucement émue que vivement agitée, il est tems de passer à des mouvemens qui ne seront pas plus ingrats qu'elle: Flore y répond... doucement... doucement, Tircis; ... point encore... Elle se souleve à peine... Mais que vois-je! Un de ses beaux yeux s'est ouvert;

votre

votre air de volupté a paſſé dans ſon ame ſes baiſers ſont plus vifs, ſes mains plus hardies... j'entends des ſons entrecoupés... heureux Tircis, que tardez vous? Tout eſt prêt jusqu'au plaiſir.

Quels plaiſirs, grands Dieux! que ceux de L'Amour! peut-on appeller plaiſir tout ce qui n'eſt pas l'Amour? Heureux ces vigoureux Deſcendans d'Alcide qui portent dans leurs veines tous les feux de Cythere & de Lampſaque! pour eux la jouïſſance eſt un vrai beſoin ſans ceſſe renaiſſant; mais plus heureux encore, ceux dont l'imagination vive tient toujours les ſens dans l'avant-goût du plaiſir & comme à l'uniſſon de la volupté ! Pour ces Amans tous les jours ſe levent ſereins & voluptueux : examinez leurs yeux ; & jugez, ſi vous pouvez, s'ils vont au plaiſir ou s'ils en viennent. Si ſes préludes leur ſont chers, que ſes reſtes leur ſont précieux ! Eſt-ce la volupté même qui plâne dans ſon Atmosphere ? Voyez vous comme ils les ménagent, les chériſſent, les recueillent en ſilence, les yeux fermés, comme au centre de leur imagination ravie, ſemblables à une tendre mere qui couvre de ſes aîles & retient dans ſon ſein ſes petits qu'elqu'elle craint de perdre! vos transports ſont à peine finis, climene, & vous avez déja la force de parler! ah, cruelle!

Dans le ſouverain plaiſir, dans cette divine extaſe où l'ame ſemble nous quitter pour paſſer dans l'objet adoré, où deux Amans ne forment qu'un même eſprit animé par l'Amour, quelque vifs que ſoient ces plaiſirs qui nous enlevent hors de nous mêmes, ce ne ſont jamais que des plaiſirs: c'eſt dans l'état doux qui leur ſuccede, que l'ame en paix, moins emportée, peut goûter à longs traits tous les charmes de la volupté.

Alors en effet, elle eſt à elle même préciſément autant qu'il faut pour jouir d'elle même ; elle contemple ſa ſituation, avec autant de plaiſir qu'Adonis ſa figure ; elle la voit dans le miroir de la volupté. Heureux momens, délire ou vertige amoureux, quelque nom qu'on vous done, ſoyez plus durables ; & ne fuyez par un cœur qui eſt tout à vous !

Ne m'approchez pas, Mortels facheux & turbulens, laiſſez moi joüir.... Je ſuis anéanti, immobile ; j'ai à peine la force d'ouvrir des yeux fermés par l'Amour. Mais que cette langueur a de char-

charmes! Eſt-ce un rêve ou une réalité? Il me ſemble que je m'affaiſſe, mais pour tomber, heureux Cybarite, ſur un monçeau de feuilles de Roſes. La molleſſe, avec la quelle tous mes ſens ſe replient ſur tant de délices, me les rappelle : douce yvreſſe! Ie jouis encore des faveurs de Thémire; je la vois, je la tiens entre mes bras. Il n'y a pas dans tout ſon beau corps une ſeule partie que je ne careſſe, que je n'adore, que je ne couvre de mes baiſers. Ah! Dieux! Que d'attraits! Et que d'hommages réels mérite l'illuſion même! que ne puis-je toujours ainſi vous voir, adorable Thémire! Votre idée me tiendroit lieu de vous même. Pourquoi ne me fuit-elle pas partout? l'image de la Beauté vaut la Beauté même, si elle n'est encore plus séduisante. Doux souvenir de mes plaisirs passez ne me quittez jamais! passés! que dis-je! Non, Amour, ils ne le sont point. Je sens votre auguste présence... Doux plaisir!... Quelle volupté! Mes yeux s'obscurcissent.... Ah! Thémire!... Ah! Dieu puissant! se peut-il que l'absence ait tant de charmes; & que nos foibles organes suffisent à cet excès de bonheur? Non, de si grands biens ne peuvent appartenir qu'a l'Ame; & je la reconnois immortelle à ses plaisirs.

Souf-

Souffre, belle Thémire, que je me rappelle ici jusqu'aux moindres discours que tu soupirois la premiere fois... Quel combat enchanteur de la vertu, de l'estime & de l'Amour! comme à des mouvemens ingrats il en succeda peu à peu de plus doux qui ne t'inquiétoient pas moins! je vois tes paupieres mourantes, prêtes à fermer des yeux adoucis, attendris par l'Amour. Le rideau du plaisir fut bientôt tiré devant eux; la force t'abandonnoit avec la raison, tu ne voyois plus, tu ne savois ce que tu allois devenir, tu craignois, hélas que ctte simplicité ajoutoit à tes charmes & à mon Amour! tu craignois de tomber en foibleſſe & de mourir au moment même que tu allois verſer bien d'autres larmes que les prémieres, que tu allois ſentir le bien d'être & le plus grand des plaiſirs. De quelle volupté encore ta tendreſſe fut ſuivie! Quels nouveaux & violens tranſports! Dieux Jaloux! reſpectez l'égarement d'une mortelle charmante qui s'oublie dans les bras qu'elle adore, plus heureuſe! que dis-je! plus Déeſſe en ces momens que vous n'êtes Dieux! Amour, tu ne l'es toi même que par nos plaiſirs!

Quel autre pinceau que celui de Pétrone pourroit peindre cette premiere nuit!

nuit!... Quels plaiſirs enveloppa ſon ombre voluptueuſe! quelle extaſe! Que de jouïſſances dans une! Brulans d'Amour, collés étroitement enſemble, agités, immobiles, nous nous communiquions des ſoupirs de feu: nos deux ames confondues par les baiſers les plus ardens, ne ſe connoiſſoient plus; éperdûment livrées à toute l'yvreſſe de nos ſens, elles n'étoient plus qu'un transport inexprimable, avec le quel, heureux mortels nous nous ſentions délicieuſement mourir!

Si les plaiſirs du corps ſont ſi vifs, quels ſont ceux de l'Ame! je parle de cette tendreſſe pure, de ces gouts exquis qui ſemblent faire diſtiler la volupté goutte à goutte au fond de nos ames, tellement ennivrées, tellement remplies de la perfection de leur état, qu'elles ſe ſuffiſent à elles mêmes & ne deſirent rien. Ah! que les cœurs qui ſont pénétrés de cette divine façon de ſentir ſont heureux! oui, j'en jure par l'Amour même, j'ai vu des momens, Dieux! quels momens! où ma Thémire s'élevant au deſſus des voluptés du corps, mépriſoit dans mes bras des faveurs que l'Amour eût dédaignées lui même.

Toute

Toute tendreſſe, toute Ame, Dieux! quelle exiſtence! diſoit-elle. Non, je n'avois point encore connu l'Amour .... Rejettant enſuite tout autre ſentiment plus vif, ſans doute parce qu'ayant moins de douceur ſa vivacité même fait alors une ſorte de violence, laiſſe moi, laiſſe moi goûter en paix & ſans mêlange, un bien-être ſi grand & ſi parfait: le plaiſir corromproit mon bonheur.

Je regardois ma Thémire avec l'attendriſſement qu'elle m'avoit inſpiré. Tant d'Amour avoit fait couler quelques larmes de ſes yeux qui en étoient plus beaux. Dans ſon amoureuſe mélancolie ſon cœur n'avoit pû contenir tout le torrent de tendreſſe, dont il ſembloit inondé. Mais enfin les ſens ſe réveillant peu à peu, rentrerent dans leurs droits; & nos ébats devenus plus vifs, ſans en être moins tendres, non, reprit Thémire, non, tu ne connois point encore tous mes transports; je voudrois que toute mon ame pût paſſer dans la tienne.

J'avois déja fait deux ſacrifices. Thémire enflamée croyoit toucher à chaque inſtant l'heureux terme de ſes plaiſirs; mais ſoit que l'Amour comme retenu par la tendreſſe fut encore fixé ou concentré au fond de ſon cœur, ſoit qu'un tempérament

rament trop irrité ne répondit pas à l'ardeur de ses désirs, je la vis désespérée, témoigner en frémissant, qu'elle ne pouvoit supporter tant d'agitation ; son transport s'éleva jusqu'à la fureur. Quoi! disoit-elle, le sort de Tantale m'est réservé dans le sein des plaisirs!

Le moyen de ne pas mettre tout en œuvre pour calmer ce qu'on aime! Comment refuser des plaisirs qui s'augmentent partagés!

Un troisiéme sacrifice appaisa peu à peu cette espece de colere des sens mal satis-

ſatisfaits. Le plaiſir ne fut plus renvoyé: des mouvemens plus doux l'accueillirent & rappellerent la molle volupté. Mes yeux étoient pleins d'amour; Thémire ouvrit les ſiens; & voyant l'intérêt vif que je prenois au ſuccès de ſes plaiſirs, l'air élevé, animé, tout de feu, dont je l'encourageois, dont je préſidois au combat, remplie elle même alors du Dieu qui me poſſédoit, d'une voix douce & d'un regard mourant, enfin dit-elle, ah! viens vîte, cher Amant, viens dans mes bras... que j'expire dans les tiens!

Quelle

Quelle Maitresse, grands Dieux! jugez si je l'adore, si je cesserai un moment de l'aimer & si elle a besoin d'étre jeune comme Hébé & belle comme la Vénus de Praxitelle, pour partager vos autels!

Mais à son tour, Thémire est contente; elle a pour Amant non seulement un grand Maitre dans l'art des voluptés, mais un cœur, je dois le dire à ta gloire, tendre Amour! un cœur bien différent de tous les autres; toujours amoureux, toujours complaisant, qui ne vit, ne sent que pour elle, qui n'a point d'autre volon-

volonté, d'autre ame que la ſienne, qui ne murmura jamais de ſes plus injuſtes rigueurs. Pendant combien d'années me ſuis je contenté, que dis je! me ſuis-je trouvé trop heureux des ſimples baiſers, careſſes & attouchemens, comme dit naïvement Montagne? Si rien ne doit jamais dégoûter un amant de l'objet qu'il aime; ſi rien ne doit ſuspendre un ſervice, dont l'amour permet la célébration, rien auſſi ne doit rendre infracteur de la foi qu'on a jurée à ſa Maitreſſe. Belles, vous jugerez vos amans par leur généroſité; c'eſt la balance des cœurs. Veulent-ils forcer vos goûts, violer votre

pruden-

prudence, & ſans égard pour de trop juſtes craintes, vous expoſer aux ſuites fâcheuſes d'une paſſion ſans retenue? Soyez ſures qu'ils vous trompent, qu'ils ne ſont qu'impétueux & que vous n'êtes pas vous mêmes ce qu'ils aiment le plus en vous.

Voyons comment tous les ſens concourent à nos plaiſirs. On ſait déja que *Vénus* peut être *phyſique*, ſans perdre de ſes graces. Le plus beau ſpectacle du monde eſt une belle femme; il ſe peint dans ſes yeux: c'eſt par eux que paſſe dans l'ame l'image de la Beauté, image agréable dont la trace nous ſuit par tout, ſource féconde en amoureux deſirs. Sans cet admirable organe, miroir transparent où ſe vient peindre en petit tout l'Univers, on ſeroit privé de cette Sirene enchantereſſe aux pieges de la quelle il eſt ſi doux de ſe laiſſer prendre. C'eſt elle qui embellit tout ce qu'elle touche, & ſe repréſente tout ce qu'elle veut. Ses brillans tableaux charment nos ennuis dans l'abſence qui diſparoît pour faire place à l'objet aimé dont l'imagination eſt le triomphe; ſes yeux de Linx s'étendent ſans bornes ſur l'avenir, comme ſur le paſſé; par eux, par la maniere dont

ils

ils ſont taillés, les objets les plus éloignés ſe rapprochent, ſe groſſiſſent & ſe montrent enfin ſous les plus beaux traits; par eux le voluptueux joüit de ſes idées; il les appelle, les éveille; écarte les unes, fixe & careſſe les autres au gré de ſes deſirs. Non que je ſache comment l'immagination broye les couleurs, d'où naiſſent tant d'illuſions charmantes; mais l'image du plaiſir qui en réſulte eſt le plaiſir même.

L'Eſprit, le charme de la converſation, la douceur de la voix, la Muſique, le chant, ſans l'Oüie, que d'attraits perdus ! Sans l'Odorat, aurois-je le plaiſir de ſentir le parfum des fleurs & de ma Thémire ? Sans le Toucher, le ſatin de ſa belle peau perdroit ſa douceur ! Quel plaiſir auroit ma bouche, colée ſur ſa bouche, avec mon cœur ? Que deviendroient ces baiſers amoureuſement donnés, reçus, rendus, recherchés ? Toutes ces voluptés badines qui changent les heures en momens, tous ces jeux d'Enfans qui plaiſent à l'Amour, ne ſéduiroient plus nos tendres cœurs cette partie divine ſeroit envain légerement titillée, ſoit par les mains des graces, ſoit par le plus agile organe des mortels ; ce Bouton de Roſe n'auroit n'auroit plus la même ſympathie; cet harmonieux accord de deux plaiſirs induſtrieuſement réunis, ce doux concert de la Volupté ſeroit détruit. Envain, Thémire, ces charmes dont-je ſuis idolâtre, tomberoient en grape délicieuſe, dans la bouche voluptueuſe qui les attend. Plus de reſſources imprévues, plus de miracles d'amour déſeſpéré: ce qu'il y a de plus ſenſible dans les amours des tendres Colombes, ſeroit perdu avec la plus puiſſante des voluptés.

Aſſez d'autres ont chanté les Glous-glous de la Bouteille; jeveux célébrer ceux de l'Amour, incomparablement plus doux. Je t'évoque ici du ſein des morts, charmant Abbé, quitte ces champs toujours verds & l'éternel printems de ces jardins fleuris, riant ſéjour des ames généreuſes qui ont joint le plaiſir délicat de faire des heureux, au talent de l'être ... Je reconnois ton ombre immortelle, aux fleurs que la volupté ſeme ſur tes pas. Explique nous quelle eſt cette eſpece de Philtre naturel ... dis, Chaulieu, par quel heureux échange nos ames en quelque ſorte tamiſées, paſſent de l'un dans l'autre, comme nos corps. Dis comment ces ames après avoir mollement

lement erré ſur des levres chéries, aiment à couler de bouche en bouche & de veine en veine, jusqu'au fond des cœurs en extaſe: y cherchent-elles le bonheur dans les ſentimens les plus vifs? Quelle eſt cette divine, mais trop courte métempſicoſe denos ames & de nos plaiſirs!

Charmes magiques, Aiman de la volupté, Myſteres cachés de Cypris, ſoyez toujours inconnus aux amans vulgaires; mais pénétrant tous mes ſens de votre auguſte préſence, faites que je puiſſe dignement peindre celui que vous excitez, & pour le quel tous les autres semblent avoir été faits. On le reconnoit à son délicieux & puissant empire : il interdit l'usage de la parole, de la vüe, de l'oüie, de la pensée, qui fait place au sentiment le plus vif : il anéantit l'ame, avec tous ses sens ; il suspend toutes les fonctions de notre économie, il tient, pour ainsi dire, les rênes de l'homme entier, au gré de ces joyes souveraines & respectables, de ce fécond silence de la nature, qu'aucun Mortel ne devroit troubler, sans être écrasé par la foudre : telle est en un mot sa puissance immortelle, que la Raison, cette vaine & fiere

Déesse,

Déesse, rangée sous son despotisme, n'est, comme les autres sens, que l'heureuse Esclave de ses plaisirs.

A ces traits qui peut méconnoitre l'Amour? Qui peut ne pas rendre hommage à cette importante action de la Nature, par laquelle tout croît, multiplie & se renouvelle sans cesse; & dont toutes les autres ne semblent être que des distractions; distractions nécessaires à la vérité, autorisées & même conseillées par l'amour, à condition qu'on n'en ait point en célébrant ses misteres. O Venus!

nus! combien peu ſentent leprix de tes faveurs! Combien peu ſe reſpectent eux mêmes dans les bras de la volupté! Oui, ceux qui ſont alors capables de la moindre diſtraction, ceux à qui tes plaiſirs ne tiennent pas lieu de tous les autres, pour qui tu n'es pas tout l'Univers, indignes du rang de tes Elus, le ſont de tes bontés!

La Volupté a ſon échelle, comme la Nature; ſoit qu'elle la monte ou la deſcende, elle n'en ſaute pas un dégré; mais parvenue au ſommet, elle ſe change en une vraye & longue extaſe, eſpece

de

de Catalepſie d'amour qui fuit les débauchés & n'enchaine que les voluptueux.

Quelle eſt cette honnête fille que l'Amour conduit tremblante au lit de ſon Amant? l'Hymen ſeul que ſa généroſité refuſe, pourroit la raſſurer. Elle ſe pâme dans les bras de Sylvandre qui meurt d'amour dans les ſiens; mais réſervée dans ſes plaiſirs, elle modere ſi bien ſes transports, qu'il n'eſt que trop ſûr qu'elle ne confondra que ſes ſoupirs. Elle ſe défie de l'adreſſe même du Dieu qu'elle chérit; tout Dieu qu'il eſt, elle ne ne l'en croit que plus trompeur. Sa virginité lui eſt moins chere que ſon amour; ſans doute ſa curioſité ſeroit voluptueuſement ſatisfaite avec celle de ſon amant; en faiſant tout pour lui, elle croit n'avoir rien fait, parceque ce n'eſt point avec lui: elle le refuſe moins qu'elle même; mais enfin elle craint les fruits d'un amour éperdu; elle n'entend plus que la voix d'un fantôme qui lui dit de ſe reſpecter. Quelque exceſſive que ſoit la tendreſſe d'un cœur qui n'a jamais aimé, elle n'eſt point à l'épreuve de l'infamie. Dieu puiſſant! ſe peut-il qu'une foible mortelle que tu as ſi facile-

ment

ment féduite par tes plaifirs, fe fouvienne encore en aimant de tout ce qu'on devroit oublier quand on aime ?

A quel genre de volupté plus fimple, plus épurée, fuis-je parvenu ! Ici l'Eglogue la flute à la main, décrit avec une tendre fimplicité les amours des fimples Bergers. Tircis aime à voir fes moutons paître avec ceux de Sylvanire ; ils font l'image de la réunion de leurs cœurs. C'eft pour lui qu'Amour la fit fi belle ; il mourroit de douleur, fi elle ne lui étoit pas toujours fidele. Là, c'eft l'Elégie en pleurs, qui fait retentir les Echos,

Echos, des plaintes & des cris d'un amant malheureux. Il a tout perdu en perdant ce qu'il aime; il ne voit plus qu'à regret la lumiere du Jour; il appelle la mort à grands cris, en demandant raiſon à la Nature entiere de la perte qu'il a faite.

Il faut l'entendre exprimer lui même la vivacité de ſes regrets, entrecoupés de ſoupirs. La pudeur augmentoit les attraits de ſon amante; elle la conſervoit dans le ſein même des plus grands plaiſirs qui en étoient plus piquans. Avant lui, elle ne connoiſſoit point l'Amour.

Il

Il ſe rappelle avec transport les premiers progrès de la paſſion qu'il lui inſpira & tout le plaiſir mêlé d'une tendre inquiétude, qu'elle eut à ſentir une émotion nouvelle. Pendant combien d'années, il l'aima, ſans oſer lui en faire l'aveu! Comme il prit ſur lui de lui déclarer enfin ſa paſſion en tremblant! Helas! elle n'en étoit que trop convaincue; tous ces beaux noms de ſympathie ou d'amitié la déguiſoient mal: elle ſentoit que l'Amour ſe masquoit pour la tromper: & peut-être ſans le ſavoir, aida t-elle ce Dieu même à donner à ce parfait amant, autant de confiance, que ſon dangereux reſpect

respect lui en avoit inſpiré à elle même. Mais ſe rendre digne des faveurs de Sylvanire étoit pour Damon d'un plus grand prix que de les obtenir. Aimer, être aimé, c'étoit pour ſon cœur délicat la premiere joüiſſance ; joüiſſance ſans la quelle, toutes les autres n'étoient rien. La vérité des ſentimens étoit l'ame de leur tendreſſe, & la tendreſſe l'ame de leurs plaiſirs ; ils ne connoiſſoient d'autre excès que celui de plaire & d'aimer : c'eſt la volupté des cœurs.

Pleure, (eh qu'importe que l'on pleure, pourvû qu'on ſoit heureux ?) Pleure, infortuné

fortuné Berger; un cœur amoureux trouve des charmes à s'attendrir; il chérit ſa triſteſſe, les joyes les plus bruyantes n'ont pas les douceurs d'une tendre mélancolie. Pourquoi ne pas s'y livrer, puisque c'eſt un plaiſir, & le ſeul plaiſir qu'un cœur triſte puiſſe goûter dans la ſolitude qu'il recherche ? Un jour viendra, que trop conſolé tu regretteras de ne plus ſentir ce que tu as perdu. Trop heureux de conſerver ton chagrin & tes regrets, ſi tu les perds, tu exiſteras, comme ſi tu n'avois jamais aimé.

Pourquoi vous mettre au rang des Prudes, vous qui ne l'êtes pas, respectable Zaïde? Pourquoi accordez vous à mon idée plus qu'à moi-même? Je suis tel que vous la supposez; vous n'avez, j'en jure par vos beaux yeux, vous n'avez pas plus à craindre avec l'original, qu'avec la copie. C'est perdre de gaité de cœur un bien réel, pour embrasser la Nue d'Ixion. Rassurez vous; ne craignez ni indiscrétion ni inconstance, je n'en veux pour garans que vos charmes. Nos cœurs sont faits l'un pour l'autre; que la plus douce sympathie les enchaine pour jamais. C'est bien à nous,

foibles

foibles mortels, à croire pouvoir être heureux, ſans le ſecours de Venus! Quelqne induſtrieux que ſoient les moyens qu'on a imaginés, l'Amour en gémit; craignons ſon courroux; c'eſt le plus redoutable des Dieux. Venez, Zaïde, venez, ne ſentez vous donc point le vuide de votre condition? & comment le remplir ſans amour? Voyez les lys dont il a parſemé votre beau tein! C'eſt pour donner à votre amant le plaiſir de les changer en Roſes. L'Empire de Flore eſt ſoumis à celui de l'Amour. Un jour viendra, n'en doutez pas, que vous vous repentirez, moins d'avoir aimé, fût-ce un volage, que de n'avoir point aimé. Tous ces beaux jours perdus dans une froide indifférence, vous les regretterez, Zaïde, mais envain; ils s'envolent & ne reviennent plus.

„D'une ardeur extrême,
„Le tems nous pourſuit,
„Détruit par lui même,
„Par lui reproduit:
„Plus léger qu'Eole,
„Il nait & s'envole,
„Renait & s'enfuit.

Voyez ce jeune Myrthe! ſa vie eſt courte, il ſera bientôt flétri. Mais il profite du peu de jours qui lui ſont accor-

dés;

dés; il ne se refuse ni aux caresses de Flore, ni aux douces haleines de Zéphire. Imitons le en tout, Zaïde, & que sa vie, l'image de la notre par la durée, le soit encore par les plaisirs.

Jeune Cloé, vous me fuyez . . . En-vain je vous appelle, envain je vous poursuis. . . Déja tous vos charmes se dérobent à ma vüe . . . rassurons nous . . . Les coquettes ne font que semblant de se cacher.

A ces jeux que Virgile a si bien peints, qui ne voit les ruses & toute la Coquetterie d'Amour ? Vous croyez le prendre ſur des levres vermeilles ! L'Enfant qu'il eſt, s'y croit trop à découvert ! il ſe ſauve, il s'enfuit. Jeune Aurore, il eſt déja dans les boucles de vos beaux cheveux ; comme il s'y joue avec un ſouffle badin d'une épaule à l'autre ! Que j'aime à le voir, las de voltiger comme un oiſeau du lys à la Roſe & de l'yvoire au Corail, ſe repoſer enfin ſur votre belle gorge ! On l'y pourſuit, qu'il n'y eſt déja plus. Par où s'eſt-il gliſſé ? Où ſe cache-til ? Par tout où habite la beauté. Il s'eſt fait une derniere retraite, c'eſt là qu'il aime à s'arrêter, „comme une tendre

„dre fauvette fur fes Petits.„ Pourfuivez-le encore : à l'air dont il demande grace, qu'on voit bien qu'il n'en veut point avoir! Il ne femble fe fixer au fiege de la volupté, il n'eft bien aife que fon empire ait des bornes, que pour avoir le plaifir de s'y laiffer prendre, & ne pas manquer d'excufe.

Transportons nous à l'Opera; la Volupté n'a point de Temple plus magnifique, ni plus fréquenté. Quelles font ces deux Danfeufes au tour de l' Arche de Jephté? Dans l'une, quelle agilité, quelle force, quelle précifion! Le plaifir la fuit avec les Jeux & les Ris, ſon eſcorte ordinaire: l'autre, moins étonnante, ſéduit plus; ſes pas ſont meſurés par les graces & compoſés par les amours. Qelle moelle, quelle douceur! L'une eſt brillante, légere, nouvelle; l'autre eſt raviſſante, inimitable. Si Camargo eſt au rang des Nymphes, vertueuſe Salé, vous ornerez le Chœur des Graces. Divine Enchantereſſe, quelle ame de bronze n'eſt pas pénétrée de la molleſſe de tes mouvemens? Etens, déploye ſeulement tes beaux bras, & tout Paris eſt plus enchanté qu'Amadis même!

Nouvelles Terpſicores, je n'ai point à regretter ce genre de plaiſirs. Sage C***, vous avez plus d'art, ſans manquer de graces! D***, charmante D***, vous avez plus de graces, ſans manquer d'art. Brillantes Rivales, vous faites l'un & l'autre l'honneur des Ballets d'Apollon!

Qu'entends-je! Le Dieu du chant feroit-il descendu ſur la Terre! Quels ſons! Quel déſespoir! Quels cris! Nouvel Atis, aimable Jeliote, ſers toi de tout l'empire que tu as ſur les cœurs ſenſibles: non jamais la puiſſance d'Orphée n'égala la tienne! Et toi, frêle & ſurprenante Machine, qui n'as point été faite pour penſer, Le Maure, remercie l'amour de t'avoir organiſée pour chanter; tu ravis nos ames par les ſons de ta voix!

De combien de façons n'intereſſes tu pas nos cœurs, puiſſante Venus, lors même que tu perſécutes une malheureuſe, dont le crime eſt celui des Dieux! Mérope, Mere incomparable, ta tendreſſe eſt éperdue, c'eſt presque de l'amour. Je ne t'oublie point, adorable Zaïre; j'ai pour toi les yeux d'Orosmane;

ne; oui, tu étois digne d'un plus heureux destin. Pour quoi faut-il qu'une flamme aussi pure soit éteinte par des préjugés que tu n'avois pas? L'Amour devoit-il souffrir qu'on éclairât la Reine de son empire, sur d'autres interêts que ceux de la volupté?

Le plaisir de la table succede à celui des spectacles. Le voluptueux fait choisir ses convives; il veut qu'ils soient comme lui, sensuels, délicats, aimables, & plûtôt gais, plaisans, que spirituels. Il écarte tout facheux conteur, tout ennuyeux érudit. Surtout point de Beaux

Esprits;

Eſprits; ils aiment plus à briller, qu'à rire. Des bons mots, des ſaillies, quelques étincelles, (l'eſprit a ſa mouſſe comme le Champagne) mais plus encore de joye; & que le goût du plaiſir pétille dans tous les yeux, comme le vin dans la Fougere. Le Gourmand gonflé, hors d'haleine dès le prémier ſervice, ſemblable au Cigne de la Fontaine, eſt bientôt ſans deſirs. Le voluptueux goûte de tous les mêts; mais il en prend peu, il ſe ménage, il veut profiter de tout. Comus eſt ſon cuiſinier, & la fine Venus a bien ſes raiſons pour fournir les ingrédiens. Les autres

ſablent

fablent le Champagne; il le boit, le boit à longs traits, comme toutes les voluptés. Vous ſentez qu'il préfere à tout, ces charmans tête-à-têtes, où les coudes ſur la table, les jambes entrelacées dans celles de ſa maitreſſe, les yeux ſont le plus foible interprete du langage du cœur. Verſez, Iris, verſez à plein verre. „Qu'il endorme, ou qu'il excite, „la traite eſt petite de la table au lit.„ Cette nuit, diſtillé par l'Amour, il vous ſera rendu ... Mais auparavant accordez à Bacchus ce qui eſt dû à Bacchus; laiſſez le repoſer dans les bras de Morphée; il ne pourroit fournir qu'une foible

foible carriere. Déesse de Cythere, je sais quels hommages sont dus à vos charmes; mais attendez à voir paroître votre étoile! Vous entendez mal vos interêts . . . Iris, n'éveillez pas si tôt votre amant.

Suivons par tout le voluptueux, dans ses discours, dans ses promenades, dans ses lectures, dans ses pensées &c. Il distingue la volupté, du plaisir, comme l'odeur, de la fleur qui l'exhale; ou le son, de l'instrument qui le produit. Il définit la débauche, un excès de plaisir mal goûté; & la volupté, l'Esprit & com-

& comme la quinteſſence du plaiſir, l'art d'en uſer ſagement, de le ménager par raiſon & de le goûter par ſentiment. Eſt-ce ſa faute après cela, ſi on a plus de deſirs que de beſoins? Il eſt vrai que le plaiſir reſſemble à l'eſprit aromatique des Plantes; on n'en prend, qu'autant qu'on en inſpire: c'eſt pourquoi vous voyez le voluptueux prêter à chaque inſtant une oreille attentive à la voix ſécrete de ſes ſens dilatés & ouverts; lui, comme pour mieux entendre le plaiſir; eux, pour mieux le recevoir. Mais s'ils n'y ſont pas propres, il ne les excite point: il perdroit le point de vüe de ſon Art, la ſageſſe des plaiſirs.

La Nature prend elle ſes habits de Printemps? prenons, dit-il, les notres; faiſons paſſer dans nos cœurs l'émail des Prés & la verte gaité des champs. Parons notre imagination des fleurs qui rient à nos yeux. Belles, parez en votre ſein; c'eſt pour vous qu'elles viennent d'éclore; mais prenez encore plus d'amours que de fleurs. Enyvrez vous de tendreſſe & de volupté, comme les Prés s'enyvrent de leurs ruiſſeaux. Chaque Etre vous adreſſe la parole; ſeriez vous

ſourdes

ſourdes à la voix, à l'exemple de la Nature entiere ? Voyez ces Oiſeaux : à peine éclos, leurs aîles les portent à l'Amour ! Voyez comme ce Dieu badin folâtre ſous la forme de Zéphire, autour de ce verd feuillage ! Les fleurs mêmes ſe marient ; les vents ſont leurs meſſagers amoureux. Chaque choſe eſt occupée à ſe reproduire.

Vous, qui avez tant de ſentiment, Corine... Venez. Si l'inſtinct jouit plûtôt que l'eſprit, l'eſprit goûte mieux que l'inſtinct.

Qu'un ſimple Bouquet a de charmes pour un amant! *L'amour eſt il niché dans ces fleurs?* Daphnis croit le reſpirer lui même; on diroit qu'il veut l'attirer dans ſon cœur par une voye nouvelle. Mais, quel feu ſecret! Quelle douce émotion! Et quelle en eſt la cauſe? *C'eſt qu'il étoit contre le Cœur de ſa chere Thérèſe.* En reçoit elle un à ſon tour des mains de ſon Berger? Il le ſuit des yeux; Que ces fleur ſont heureuſes d'être ſi bien placées! Elles ornent le trône des Amours! Il envie leur ſort; il voudroit comme elles, expirer ſur ce qu'il aime.

La Douleur eſt un ſiecle, & le plaiſir un moment; ménageons nous pour en joüir, dit le Convaleſcent voluptueux. Reprend-il un nouvel Etre? Il eſt enchanté du ſpectacle de l'Univers. Heureuſe Abeille, il n'y a pas une fleur dont il ne tire quelque ſuc: ſes narines s'ouvrent à leur agréable parfum. Une table bien ſervie ranime ſon appetit, un vin délicienx flate ſon palais, un joli minois le met tout en ſeu: que dis-je!

„La premiere Phylis des hameaux d'alentour

„Eſt la Sultane favorite,
„Et le miracle de l'Amour.

Lesbie, vous êtes charmante, & je vous aime plus que Catule ne vous a jamais aimé.... Mais vous êtes trop *libidineuſe:* on n'a pas le tems de deſirer avec vous. Déja . . . pourquoi ſi vîte? J'aime qu'on me réſiſte, & non qu'on me prévienne; mais avec art, ni trop, ni trop peu: j'aime une certaine violence, mais douce, qui excite le plaiſir, ſans le déconcerter. La Volupté a ſon ſoleil & ſon ombre; croyez moi, Lesbie, reſtons encore quelque tems à

l'ombre;

l'ombre; ombre charmante, ombre chérie des femmes voluptueuſes, nous ne nous quitterons que trop tôt! Ne ſentez vous donc pas le prix d'une douce réſiſtance & d'un bien plus doux amuſement? Il n'y a pas jusqu'à la foibleſſe même dont on ne puiſſe tirer parti. Que Polyenos, Ascylthe, & tous les Mazulims du Monde ne ſe plaignent plus de leur déſaſtre, l'attente du plaiſir en eſt un; Circé s'en loue, elle remercie ſon amant de ce qui bleſſe au moins la vanité des autres femmes. Circé rend graces à une trop heureuſe impuiſſance; c'eſt qu'elle n'eſt que voluptueuſe: ſon plaiſir en a duré plus longtems; ſes deſirs n'ont point fini. Les langueurs du Corps empêchent donc quelque fois les langueurs de l'Ame! Quoi! elles ſoutiennent la volupté! Qui l'eut cru, ſans l'expérience de la *Parodie* du *Pavot* de virgile? Parodie ſi brusque quelque fois, au milieu même des plus *grands airs*, qu'on a bien de la peine à n'en pas rire, au hazard d'augmenter le dépit de Venus.

Si le Voluptueux ſe promene, le plus beau lieu, le chant des oiſeaux, la fraîcheur des ruiſſeaux & des zéphirs, un air

air embaumé de l'esprit des fleurs; la plus belle vüe, la plus superbe allée; celle où Diane se promene elle même avec toute sa cour; voilà ce qu'il choisit, & ce qu'il quitte bien plus volontiers, soit pour lire au frais Crébillon ou Chaulieu; soit pour s'égarer dans un bois, & fouler avec quelque Driade le gazon touffu d'un bosquet inaccessible aux profanes. Lambris dorés que les flutes & les voix font retentir, charmez vous ainsi le magnifique ennui des Rois?

S'il attend ſa maitreſſe, c'eſt dans le ſilence & le miſtere; tous ſes ſens tendus ſemblent écouter, il oſe à peine reſpirer, un faux bruit l'a déja trompé plus d'une fois: puiſſé-je l'être toujours ainſi. Tout dort, & Julie ne vient point! L'impatience de l'un ſurpaſſe la prudence de l'autre. Il ne ſe connoit plus; il brûle, il frémit du plaiſir qu'il n'a pas encore... Que ſera-ce & quels transports, quand un objet ſi tendrement chérit, ſi vivement imaginé, éclairé par le ſeul flambeau de l'Amour... Heureux Silvandre, voilà Julie!

Iſſé

Iſſé eſt-elle dans les bras du ſommeil? Celui de l'Amour même n'eſt pas plus reſpecté; il ordonne aux ruiſſeaux de murmurer plus bas; il voudroit impoſer ſilence à la Nature entiere. Iſſé ne s'éveillera que trop tôt; elle eſt dans la plus galante attitude. Voyez celle de l'Amant! voyez ſes yeux! Que de charmes ils parcourent! Favoriſe les Dieu du ſommeil, & qu'ils ayent le tems de ſe *payer des larmes qu'ils ont verſé pour eux!*

Beaux jours d'Hébé! quoi! vous ne reviendrez plus! Je ſerai déſormais impitoyablement livré au vuide d'un cœur ſans tendreſſe & ſans deſir, vuide affreux que tous les goûts, tous les Arts, toutes les diſſipations de la vie ne peuvent remplir! Que je ſente du moins quelque fois les flateuſes approches du plus reſpectable des Dieux, ſigne conſolateur d'une amante éperdue; & tel qu'au Nautonnier allarmé ſe montre la brillante Etoile du matin! Plaiſir, ingrat plaiſir, c'eſt donc ainſi que tu traites qui t'a tout ſacrifié! Si j'ai perdu mes jours dans la volupté, *ah rendez les moi, grands Dieux!* pour les reperdre encore!

Je

Je ſuis jaloux de ton bonheur, trop heureux pêcher. La Nature t'a traité en mere, & l'homme en marâtre. Un doux Zéphir a ſoufflé dans lers airs, une nouvelle chaleur te rappelle à la vie; tes boutons paroiſſent, ſe développent bientôt ornés de fleurs; tu feras enfin chéri pour tes excellens fruits! Combien de Printems t'ont rajeuni! Combien d'autres te rajeuniront encore, tandis que le premier de l'homme, hélas! eſt auſſi ſon dernier! Quoi cet Arbre fleuri qui fait l'honneur du champ, qui a plus de ſentiment que tous les Etres enſemble, ne ſeroit qu'une Plante éphémere, écloſe le matin,

matin, le ſoir flétrie ; moins durable que ces fleurs qui du moins ſures de parer nos campagnes durant l'Eté, embéliront peut-être l'Automne même! Spectacle enchanteur dont l'éternité même ne pourroit me raſſaſier, un deſtin, cruel ſans doute, nous arrache auplaiſir de vous voir & de vous admirer ſans ceſſe, mais il eſt inévitable. Ne perdons point le tems en regrets frivoles; & tandis que la main du Printems nous careſſe encore, ne ſongeons point qu'elle va ſe retirer; joüiſſons du peu de momens qui nous reſtent; buvons, chantons, aimons qui nous aime; que les Jeux & les

les Ris ſuivent nos pas; que toutes les voluptés viennent tour à tour, tantôt amuſer, tantôt enchanter nos ames; & quelque courte que ſoit la vie, nous aurons vêcu!

Le voluptueux aime la vie, parcequ'il a le corps ſain, l'Eſprit libre & ſans préjugés; Amant de la Nature, il en adore les beautés, parce qu'il en connoit le prix: inacceſſible au dégoût, il ne comprend pas comment ce poiſon mortel vient infecter nos cœurs. Au deſſus de la Fortune & de ſes caprices, il eſt ſa fortune à lui même; au deſſus de-

de l'ambition, il n'a que celle d'être heureux: au dessus des tonneres, Philosophe épicurien, il ne craint pas plus la foudre que la mort. Les arbres se dépouillent de leur verdure, il conserve son amour. Les fleuves se changent en marbre, un froid cruel gele jusqu'aux entrailles de la Terre, il brûle des feux de l'Eté. Couché avec sa chere Délie, la rigueur de l'hiver, le vent, la pluye, la grêle, les élémens déchainés ajoutent au bonheur de Tibule. Si la mer est calme & tranquille, le voluptueux ne voit dans cette belle nappe d'huile, qu'une parfaite image de la paix. Si les

flots

flots bouleversés par Eole en furie, menacent quelque vaisseau du naufrage, ce tableau mouvant de la guerre, tout effrayant qu'il est, il le voit avec le plaisir d'un homme éloigné du danger. Ce n'est pas là un de ceux que court volontiers la volupté.

Tout est plaisir pour un cœur voluptueux; tout est Roses, Oeillets, violettes dans le champ de la Nature. Sensible à tout, chaque beauté l'extasie; chaque Etre inanimé lui parle, le réveille; chaque Etre animé le remue; chaque partie de la création le remplit de volupté.

volupté. Voit-il paroître la riante Livrée du Printems? Il remercie la Nature d'avoir prodigué une couleur ſi douce & ſi amie des yeux. Admirateur des plus frappans Phénomenes, le Lever de l'Aurore & du Soleil; cette brillante couleur de pourpre, qui ſe jouant dans le brun des Nuées, forme à ſon couchant la plus ſuperbe Décoration; les Rayons argentés de la Lune, qui conſolent les voyageurs de l'abſence du plus bel Aſtre; les Etoiles, ces Diamans de l'Olimpe, dont l'éclat eſt relevé par le fond bleu au quel ils ſont attachés; ces beaux jours ſans nuages, ces nuits plus

belles

belles encore qui inſpirent les plus douces rêveries, nuits vertes des forêts, où l'Ame enchainant ſes penſées volages, dans les bornes charmantes de l'Amour, contente, recueillie, ſe careſſe elle même, & ne ſe laſſe point de contempler ſon bonheur: Ombre impénétrable aux yeux des Argus, où il ſuffit d'être ſeul, pour deſirer d'être avec vous, Thémire; & d'être avec vous, pour oublier tout l'Univers. Que dirai-je enfin? toute la Nature eſt dans un cœur qui ſent la volupté!

Vous la ſentez, Sapho, vous éprouvez l'Empire de cette puiſſante Divinité;

mais quel ſingulier uſage vous en faites! Vous refuſez aux uns ce que vous ne pouvez accorder aux autres; vous joüez le ſexe que vous n'avez pas, pour chérir celui que vous avez. Amoureuſe de votre ſexe, vous voudriez en changer! Vous ne voyez pas que vous oubliez votre perſonnage, en faiſant mal le notre, & que la Nature abuſée en rougit!

Ne nous élevons point contre cette uſurpation; n'arrêtons point le cours d'un ruiſſeau, qui conduit tôt ou tard à ſa ſource. Quand on prend de l'amour,

on

on peut prendre une amante. Le plaisir se lasse de *mentir.*

La vüe des plaisirs d'autrui nous en donne. Avec quel air d'intérêt la curieuse Suzon regarde les misteres d'Amour! Plus elle craint de troubler les Prêtres qui les célébrent, plus elle en est elle même troublée : mais ce tronble, cette émotion ravit son Ame. Dans quel état la fripone est trouvée! Trop attentive, pour n'être pas distraite, elle semble machinalement céder à la voluptueuse approche des doigts libertins!... Pour la désenchanter, il lui faudroit des plaiſirs, tels ſans doute, que ceux dont elle a devant ſoi la ſéduiſante image. L'amour ſe gagne à être vu de près.

Oſerois-je légerement toucher des miſteres ſecrets dont le ſeul nom offenſe Venus, & fait prendre les armes à tout Cythere, mais qui cependant ont quelque fois le bonheur de plaire à la Déeſſe, par l'heureuſe application qu'on en fait?

Le beau Giton gronde le Satyre qu'il a choiſi pour ſes plaiſirs, tout enfant qu'il eſt, il s'aperçoit bien de l'infidélité qu'Aſcylthe lui a faite: il donne à ſon

mari

mari plus de plaiſir qu'une femme véritable; eſt-il ſurprenant qu'il mette ſes faveurs au plus haut prix; & que le plus joli cheval, le Courſier de Macédoine le plus vîte, puiſſe à peine les payer?

Vous ſouvient-il de l'Ecolier de Pergame? Grands Dieux! l'aimable enfant! La beauté feroit-elle donc de tous les ſexes? Rien ne limiteroit-il ſon empire? Que de deſerteurs du culte de Cypris! Que de cœurs enlevés à Cythere! La Déeſſe en conçoit une juſte jalouſie; eh! quel bon Citoyen de l'Ile charmante qu'elle a fondée, ne ſoupireroit avec elle de toutes les Conquêtes que fait le rivage ennemi? Beau ſexe, cependant n'en ſoyez pas ſi joloux. Pétrone a moins voulu dans l'excès de ſon raffinement, vous cauſer des inquiétudes, que vous ménager des reſſources contre l'ennuyeuſe uniformité des plaiſirs. En effet combien d'Amours petits ou timides (ceux là ſont ſi faciles à effaroucher) ont été bien aiſes de trouver un refuge, ſans le quel privés d'aſile, ils ſeroient peut-être morts de frayeur à la porte du Temple! Combien d'autres exités par une ſimple curioſité Philoſophique, rentrant en ſuite dans leur devoir, ont ſi bien

bien ſervi le véritable Amour, que pour ſes propres intérêts, ce Dieu des cœurs, en bon caſuite, n'a pu quelque fois ſe diſpenſer de leur accorder conditionellement une indulgence dont il profitoit.

Vous avez de l'eſprit, Céphiſe, & vous êtes révoltée par ces diſcours! vous vous piquez d'être Philoſophe, & vous vous feriez un ſcrupule d'uſer d'une reſſource permiſe & autoriſée par l'Amour! Quels feroient donc vos préjugés, ſi comme tant d'autres femmes, vous aviez le malheur de n'être que belle! Ah! croyez moi, chere Amante, tout eſt femme me dans ce qu'on aime ; l'empire de l'Amour ne reconnoit d'autres bornes, que les bornes du plaisir!

Je te rends, Amour, le pinceau que tu m'as prêté, fais le passer en des mains plus délicates : & toi, reste à jamais dans mon cœur.

FIN.

www.ingramcontent.com/pod-product-compliance
Ingram Content Group UK Ltd.
Pitfield, Milton Keynes, MK11 3LW, UK
UKHW020915180726
13838UKWH00002B/557